Ar Noson
Oer Nadolig

Ar Noson Oer Nadolig

Meinir Wyn Edwards (Gol.)

y Lolfa

Argraffiad cyntaf: 2009
℗ Hawlfraint y casgliad: Y Lolfa Cyf., 2009
Nodwyd hawlfreintiau'r caneuon ar dudalen 5

Mae hawlfraint ar gynnwys y llyfr hwn ac mae'n anghyfreithlon
i lungopïo neu atgynhyrchu unrhyw ran ohono gan gynnwys
darlledu neu recordio'r caneuon trwy unrhyw ddull ac at unrhyw
bwrpas (ar wahân i adolygu) heb gytundeb ysgrifenedig y
cyhoeddwyr ymlaen llaw

Dymuna'r cyhoeddwyr gydnabod cymorth ariannol
Cyngor Llyfrau Cymru

Cynllun y clawr: Alan Thomas

Rhif Llyfr Rhyngwladol: 9781847711779

Cyhoeddwyd ac argraffwyd yng Nghymru
gan Y Lolfa Cyf., Talybont, Ceredigion SY24 5HE
gwefan www.ylolfa.com
e-bost ylolfa@ylolfa.com
ffôn 01970 832 304
ffacs 832 782

Cynnwys

1	Angel y Nadolig	7
2	Nadolig? Pwy a Ŵyr?	12
3	Nos Nadolig Yw	16
4	Rwyt yn fab i mi	20
5	Seren Wen	29
6	Ar Noson Fel Heno	33
7	Noson Oer Nadolig	40
8	Hwiangerdd Mair	43
9	Un enaid bach	46
10	Fe Fydd y Ffordd yn Faith	56
11	Y Baban Hwn	61

Hawlfraint y caneuon

Hawlfraint y casgliad a'r trefniannau hyn: Y Lolfa Cyf.
Angel y Nadolig: Pwyll ap Siôn a Myrddin ap Dafydd
Nadolig? Pwy a Ŵyr?: Mrs Irene Davies a'r Lolfa Cyf.
Nos Nadolig Yw: Mrs Vera Williams a'r Lolfa Cyf.
Rwyt yn fab i mi: Geraint Cynan a Ceri Wyn Jones
Seren Wen: J. Eirian Jones, John Beynon Phillips a'r Lolfa Cyf.
Ar Noson Fel Heno: Geraint Cynan a Hywel Gwynfryn
Noson Oer Nadolig: Cyhoeddiadau Sain a'r Lolfa Cyf.
Hwiangerdd Mair: Yr Athro Stephen Nantlais Williams a'r Lolfa Cyf.
Un enaid bach: Cyhoeddiadau Sain
Fe Fydd y Ffordd yn Faith: Geraint Cynan a Hywel Gwynfryn
Y Baban Hwn: Caryl Parry Jones a Christian Phillips

Angel y Nadolig

Mae'r adeg wedi cyrraedd, mae angel yn y tŷ.
Mae golau gwyn er gwaetha'r dyddiau du.
Mae seren yn sirioli bob tro mae'n galw draw,
A channwyll wedi'i chynnau yn ei law.
Mae'n newid gwedd y goeden,
Mae'n cyffwrdd celyn coch
Fel cusan ysgafn pluen o eira ar fy moch.

Cytgan:
Angel y Nadolig
Tyrd i'n tŷ ni,
Tyrd â'r golau cynnes i 'nhywyllwch i.
Tyrd â gwên i'r noson,
Tyrd â gwên i'r galon,
Angel y Nadolig
Tyrd i'n tŷ ni.

Mae'n codi cwr y llenni ar ddrama fawr yr ŵyl,
Y rhoi a'r cael a'r mynd a'r dod a'r hwyl;
Mae'n deffro'r byd â'i adain, yn llenwi'r lle â chân
A thaflu boncyff arall ar y tân;
Mae'n cario cardiau atom
Sy'n llawn newyddion da,
A danfon ein llythyrau bob cam i Wlad yr Iâ.

Mae'n cadw'r ddeilen fythwyrdd yn fyw drwy'r tymor crin,
Yng ngwydrau'r gaeaf, gwanwyn ydy'r gwin.
Mae'n geni ysbryd newydd rhwng pawb o gylch y bwrdd:
Brenhinoedd a bugeiliaid eto'n cwrdd.

Angel y Nadolig

Cerddoriaeth: Pwyll ap Siôn
Geiriau: Myrddin ap Dafydd

1. Mae'r a-deg wedi cyr-raedd, mae a-ngel yn y tŷ, Mae go-lau gwyn er gwae-tha'r dydd-iau du, Mae se-ren yn sir-io-li bob tro mae'n ga-lw draw, A chan-nwyll we-di'i chyn-nau yn ei law, Mae'n ne-wid gwedd y

2. Mae'n co-di cwr y llen-ni ar ddra-ma fawr yr ŵyl, Y rhoi a'r cael a'r mynd a'r dod a'r hwyl; Mae'n deff-ro'r byd â'i a-dain, yn llen-wi'r lle â chân A thaf-lu bon-cyff ar-all ar y tân; Mae'n car-io car-diau

goe-den, mae'n cyf-fwrdd ce-lyn coch Fel cu-san ys-gafn plu-en o
a-tom sy'n llawn ne-wydd-ion da A dan-fon ein lly-thy-rau bob

ei-ra ar fy moch. A-ngel y Na-do-lig tyrd i'n tŷ ni,
cam i Wlad yr Iâ.

f Cytgan

Tyrd â'r go-lau cyn-nes i 'nhy-wy-llwch i, Tyrd â gwên i'r
no-son, Tyrd â gwên i'r ga-lon, A-ngel y Na-do-lig tyrd i'n tŷ

3.Mae'n ca-dw'r ddei-len fyth-wyrdd yn fyw drwy'r ty-mor crin, Yng ngwyd-rau'r gae-af, gwan-wyn yd-y'r gwin,_____ Mae'n ge-ni ys-bryd ne-wydd rhwng pawb o gylch y bwrdd: Bren-hin-oedd a bu-geil-iaid et-o'n cwrdd._____

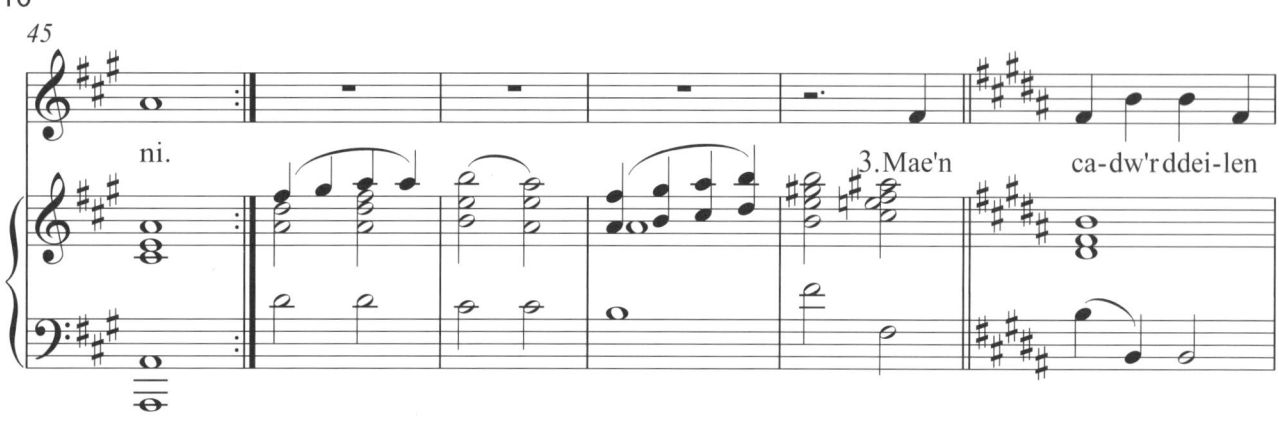

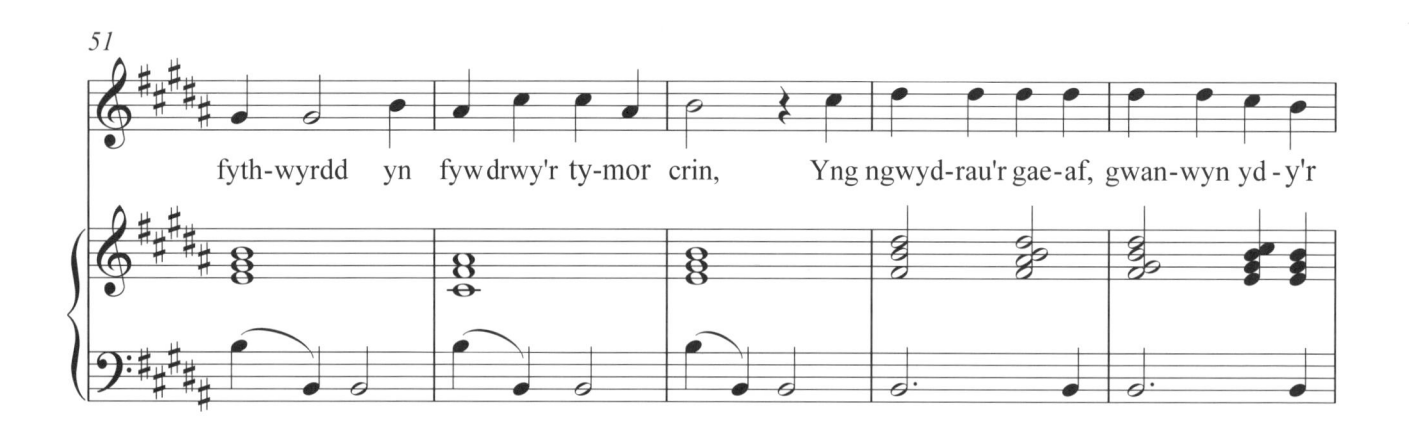

Cytgan

A-ngel y Na-do-lig

68
tyrd i'n tŷ ni, Tyrd â'r go-lau cyn - nes i 'nhy-wy-llwch i,
75
Tyrd â gwên i'r no - son, Tyrd â gwên i'r ga - lon, A - ngel y Na - do - lig
81
1.
Tyrd Tyrd
2.
Tyrd i'n tŷ ni,
85
rall.
A - ngel y Na - do - lig tyrd i'n tŷ ni.

Nadolig? Pwy a Ŵyr?

Tinsel ar y goeden,
Seren yn y nen,
A doli fach yn eistedd
Mor ddel ar frig y pren.
Ai hyn yw'r Nadolig? Pwy a ŵyr?

Clychau Santa'n tincial
Dros yr eira mân,
A lleisiau plant yn uno
I ganu carol lân.
Ai hyn yw'r Nadolig? Pwy a ŵyr?

Plant yn dawel, dawel,
Yn eu cwsg drwy'r oriau bach,
A breuddwyd fwyn yn gofyn
A ddaw Santa gyda'i sach.

Daw teganau lawer
A phwy ŵyr o ble?
A sŵn eu chwerthin hapus
A glywir dros y lle.
Ai hyn yw'r Nadolig? Pwy a ŵyr?

Clychau eglwys fechan
Gyda'u neges i'r holl fyd,
Yn canu i'n hatgoffa
Fod y baban yn ei grud.

Neswch at y preseb,
Plygwch yno'n llwyr.
Wrth weld y brenhinoedd a'r engyl,
Nid oes rhaid gofyn,
Pawb a ŵyr.

Nadolig? Pwy a Ŵyr?

Cerddoriaeth a Geiriau: Ryan Davies
Trefniant: Benny Litchfield

1. Tin-sel ar y goe-den, se-ren yn y nen, a do-li fach yn eis-tedd mor ddel ar frig y pren. Ai hyn yw'r Na-do-lig? Pwy a ŵyr?

2. Cly-chau San-ta'n tin-cial dros yr ei-ra mân, a llei-siau plant yn u-no i ga-nu ca-rol lân.

3. Plant yn da-wel, da-wel, yn eu cwsg drwy'r o-riau bach, a breu-ddwyd fwyn yn go-fyn a ddaw

tro cyntaf — ail dro

Santa gyda'i sach. 4. Daw teganau lawer a phwy ŵyr o ble? A sŵn eu chwerthin hapus a glywir dros y lle. Ai hyn yw'r Nadolig? Pwy a ŵyr? 5. Clychau eglwys fechan gyda'u neges i'r holl fyd, yn canu i'n hatgoffa fod y baban yn ei grud. 6. Neswch at y preseb, plygwch ynon llwyr. Wrth weld y brenhinoedd a'r engyl, nid oes rhaid gofyn, pawb a ŵyr.

Nos Nadolig Yw

Rhiniol osteg heno,
Nos Nadolig yw;
Enaid sy'n synhwyro
Presenoldeb Duw.
Chwilio'r ddwys ffurfafen
Am y seren glaer
A'n tywysai eto
At y gwely gwair.

Rhiniol lewyrch heno,
Nos Nadolig yw;
Nefol wawl ddisgleiria,
Ganwyd Crist fab Duw.
Ym mhob calon dyner
Lle bo ffydd yn dân,
Genir Crist Waredwr
Eto'n faban glân.

Rhiniol ganu heno,
Nos Nadolig yw;
Lleisiau'r nef sy'n seinio
Dwyfol foliant: clyw!
Aed y nodau peraidd
Drwy y cread crwn,
Genir Crist y Ceidwad,
Annwyl fab yw hwn.

Nos Nadolig Yw

Cerddoriaeth: Gilmor Griffiths
Geiriau: Desmond Healy
Trefniant: Meinir Wyn Edwards

Yn dyner a llyfn

1. Rhin-iol os-teg he-no, Nos Na-do-lig yw; E-naid sy'n syn-hwy-ro Pre-se-nol-deb Duw. Chwil-io'r ddwys ffur-fa-fen Am y se-ren glaer A'n ty-wy-sai e-to At y gwe-ly gwair.

2. Rhin-iol le-wyrch he-no,

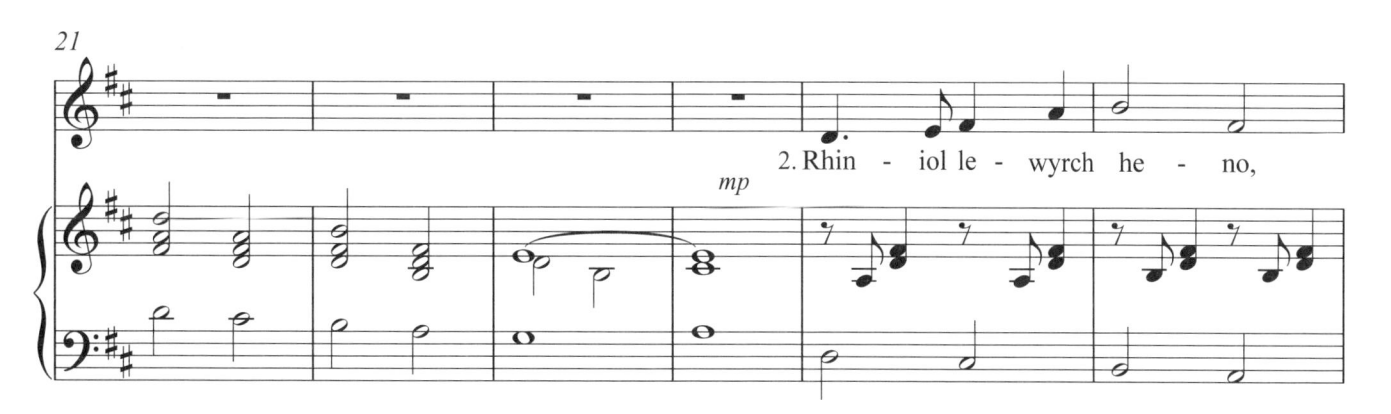

Nos Na-do-lig yw; Ne-fol wawl ddis-gleir - ia, Ga-nwyd Crist fab Duw. Ym mhob ca-lon dy - ner Lle bo ffydd yn dân, Ge - nir Crist Wa-re-dwr E - to'n fa-ban glân.

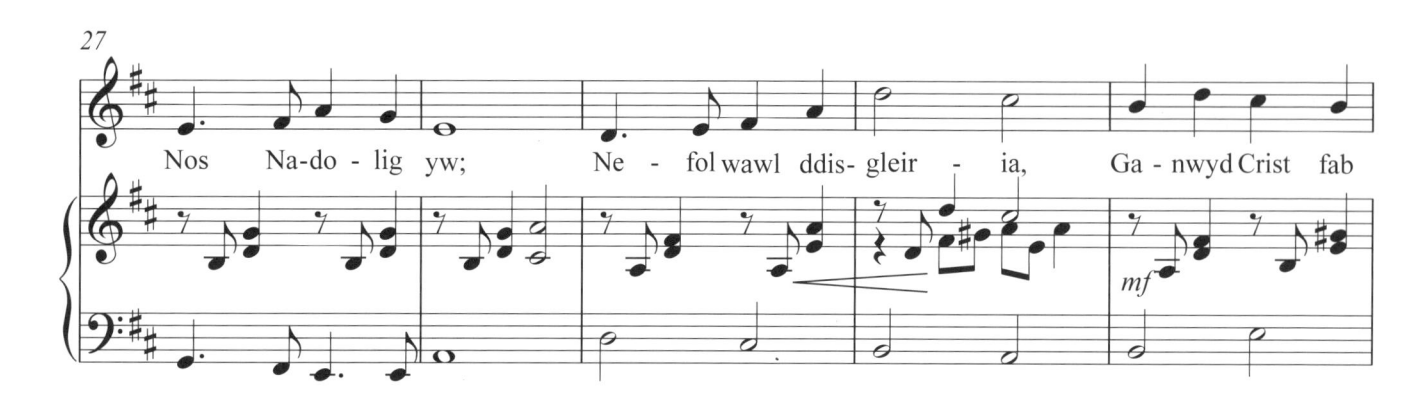

Ychydig yn gynt

3. Rhin - iol ga-nu he - no, Nos Na-do-lig yw;

Lleis-iau'r nef sy'n sein - io Dwy-fol fol- iant: Clyw! Aed y no-dau pe - raidd

Drwy y cre - ad crwn, Ge - nir Crist y Ceid - wad,

An - nwyl fab yw hwn.

p arafu *arafu* *pp*

Rwyt yn fab i mi

Peidiwch dod â'ch straeon rhyfedd
Am angylion yn y tir.
Peidiwch dod i rythu arno,
Ewch yn ôl i'ch defaid, wir,
Peidiwch holi'n hurt amdano,
Ble a sut, a pham a phwy?
Mab y Saer yw hwn mewn stabal,
Mab ei dad, a dim byd mwy.

Cytgan:
Falle bod y nef a'r ddaear am dy hawlio di,
Ond yng nghrud fy mreichie heno
Rwyt yn fab i mi.

Chwithe ddynion da o'r dwyrain,
Ewch yn ôl i'ch gwledydd pell.
Y mae seren arall rywle,
Seren aur a siwrne well.
Drychwch! Nid oes yma Arglwydd,
Dim ond crwt yn cysgu'n glyd.
Na, nid Brenin ar ei orsedd,
Dim ond baban yn ei grud.
Cytgan:

Faban annwyl, paid gofidio,
Rwyf yn gwylio drosot ti,
Ni waeth pwy fydd dy elynion,
Ni chânt fentro heibio i mi,
Faban annwyl yn y preseb,
Fe gei wely gwell na hwn,
Fe ofala i amdanat.
Rwyt ti'n werth y byd yn grwn.
Cytgan:

Rwyt yn fab i mi

Cerddoriaeth : Geraint Cynan
Geiriau : Ceri Wyn Jones

♩. = 56 Yn addfwyn

1. Pei - diwch dod â'ch strae - on rhy - fedd___ am a - ngyl - ion yn y tir.___ Pei - diwch

dod i ry-thu ar-no, Ewch yn ôl i'ch de-faid,

wir, Pei-diwch ho-li'n hurt am-da-no, Ble a

sut, a pham a phwy? Mab y Saer yw hwn mewn

sta-bal, Mab ei dad, a dim byd mwy.

26
Cytgan
mf
Fa - lle bod y nef a'r
mf
F Eb/F F Eb/F Bb F/A Eb/G Bb∆7/F
29
ddae - ar am dy hawl - io di, Ond yng nghrud fy
Eb∆7 Clei7 Eb/F Bb Flei/Ab
32
mrei - chie he - no Rwyt yn fab i mi.
Eb/G Bb/F C9/E Clei7 Bb/D Eb Eb/F Bb2
36
Wo
mp
2. Chwi - the
Bb2 Eb6 Bb2 Bb2 Eb6

ddyn-ion da o'r dwy-rain, Ewch yn ôl i'ch gwle-dydd pell, Y mae se-ren a-rall ryw-le, Se-ren aur a siwr-ne well, Dry-chwch! Nid oes y-ma Arg-lwydd, Dim ond crwt yn cys-gu'n glyd, Na, nid

Brenin ar ei orsedd, Dim ond baban yn ei grud.

Cytgan

Fa - lle bod y nef a'r ddae - ar am dy hawl-io di, Ond yng nghrud fy mreichie heno

Rwyt yn fab i mi.

3. Faban annwyl, paid gofidio, Rwyf yn gwylio drosot ti, Ni waeth pwy fydd dy elynion, Ni chânt fentro heibio i mi, Faban annwyl yn y

78
pre - seb, Fe gei we - ly gwell na hwn, Fe o -
Dlei♭5 G7 Clei D7 E♭Δ7 C9/E
81
fa - la i am - da - nat. Rwyt ti'n
B♭/F C7sus4 C7 Clei7 B♭/C
84
werth y byd yn grwn.
Cytgan
ff Fa - lle
Clei7 E♭/F F F/G G F/G C G/B
ff
88
bod y nef a'r ddae - ar am dy hawl - io di, Ond yng
F/A CΔ7/G FΔ7 Dlei7 F/G

nghrud fy mrei - chie he - no___ Rwyt yn__ fab i mi._____

pp Rwyt yn fab i mi.

Seren Wen

Mae'r nos heb sêr na lloer,
Mae'n noswyl y Nadolig,
Ac adar mud y coed
Sy'n dyrrau bach crynedig,
Mae cwsg fel llen yn cau
A minnau af mewn breuddwyd
Ar flaenau traed i sbecian
I grud yr Un a anwyd
I'r byd yn Seren Wen
Sy'n gwenu arnom ni,
A'n cymell ninnau i roi gwên.
Seren Wen, Seren Wen,
Mae'th angen heno i oleuo'r byd.

Dewch chwithau gyda mi,
Mae'n noswyl y Nadolig,
Mae'r stryd heb drampian traed
A'r siopau yn gaeedig.
Awn oll ar daith yn awr
Ar adain hud dychymyg
A sbio drwy y drws
Ar grud y Mab rhoddedig
I'r byd yn Seren Wen,
Sy'n gwenu arnom ni,
A'n cymell ninnau i roi gwên.
Seren Wen, Seren Wen,
Mae'th angen heno i oleuo'r byd.
Seren Wen, Seren Wen,
Mae'th angen heno i oleuo'r byd.

Seren Wen

Cerddoriaeth: J. Eirian Jones
Geiriau: John Beynon Phillips

Yn osgeiddig

1. Mae'rnos heb sêr na lloer, Mae'n nos-wyl y Na-dol-ig Ac adar mud y coed sy'n dyrr-au bach cryn-ed-ig, Mae cwsg fel llen yn cau A mi-nnau af mewn

breu-ddwyd Ar flaen-au traed i sbecian I grud yr un a-nwyd I'r byd yn Ser-en Wen Sy'n gwe-nu ar-nom ni, A'n cym-ell hi-nnau i roi gwên, Se-ren Wen Se-ren Wen. Mae'th ang-en he-no i o-leu-o'r byd

(DS : pennill 2).

byd. *cresc* *f* Se - ren Wen, *mp* Se - ren Wen, Mae'th ang - en he - no i o - leu - o'r byd.

Ar Noson Fel Heno

Ar noson fel heno, flynyddoedd yn ôl
Roedd doethion o'r dwyrain ar daith
Yn dilyn goleuni un seren o hyd,
Bu'r siwrne yn arw a maith.
Ond yna, y seren a safodd uwchben
Y stabal ar gyrion y dre',
A phlygodd y doethion yn wylaidd i'r llawr
Gan ddweud, "Hwn yw Brenin y Ne'".

Cytgan:
Canodd angylion heno eu cân,
Hon oedd ei neges i ni –
"Clod Haleliwia, Hwn yw'r Meseia
A ddaeth yn Waredwr i chi".
Hon ydyw'r stori fwya 'rioed,
Stori am Fethlehem dref,
Stori am gariad, stori am Geidwad,
Hon yw ei stori Ef.

Ar noson fel heno, flynyddoedd yn ôl
Fe glywyd sŵn traed ar y stryd,
Roedd Herod a'i filwyr, a ladd yr un bach,
Daeth cysgod y cledd dros y crud.
Ond ffoi a wnaeth Joseff a Mair yn y nos
A chadw'r un bychan rhag cam.
Ni lwyddodd 'run Herod, na'i filwyr erioed
Â diffodd Goleuni y Fflam.

Ar noson fel heno, efallai y daw
Newyddion syfrdanol i'n clyw:
"Mae gŵr o Jwdea yn cerdded y wlad
Gan ddweud mai efe yw Mab Duw."
A fyddet ti'n credu newyddion y dydd?
A fyddet ti'n cymryd y cam?
A fyddet ti'n gadael y cyfan a mynd
I ddilyn Goleuni y Fflam?

Ar Noson Fel Heno

Cerddoriaeth : Geraint Cynan
Geiriau : Hywel Gwynfryn

Gyda theimlad ♩. = 72

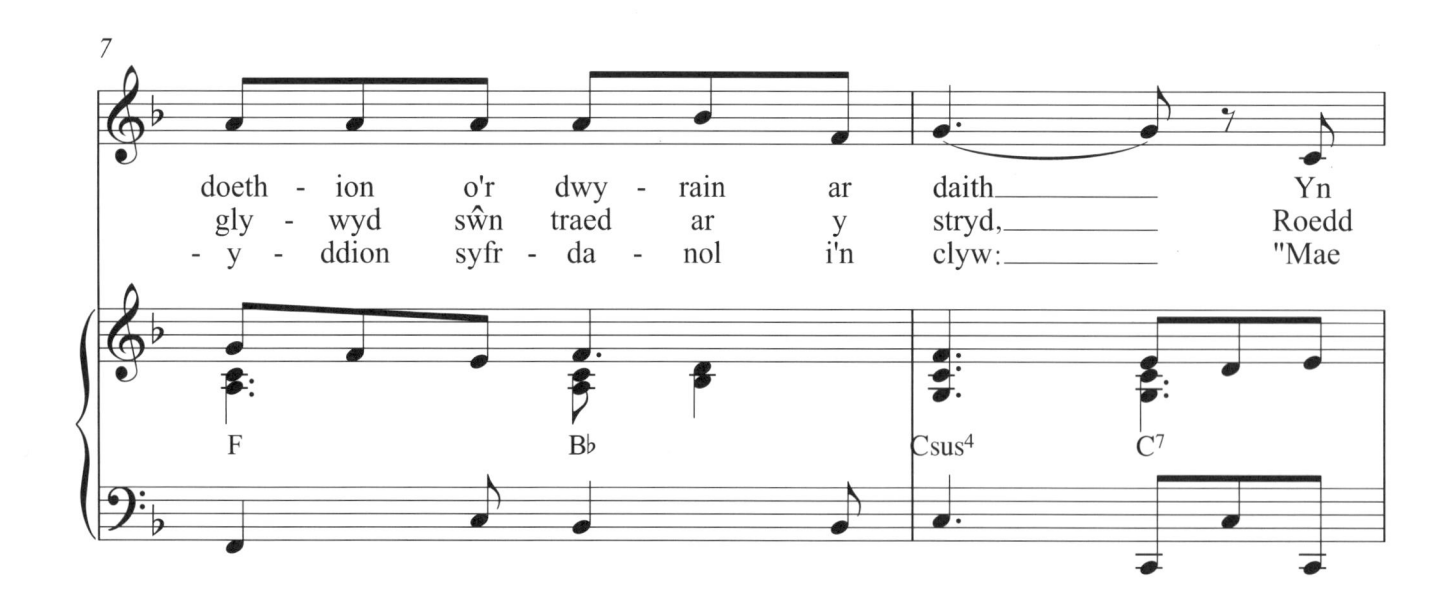

1. Ar no-son fel he-no, fly-ny-ddoedd yn ôl Roedd doeth-ion o'r dwy-rain ar daith Yn
2. no-son fel he-no, fly-ny-ddoedd yn ôl Fe gly-wyd sŵn traed ar y stryd, Roedd
3. no-son fel he-no, ef-a-llai y daw ne--y-ddion syfr-da-nol i'n clyw: "Mae

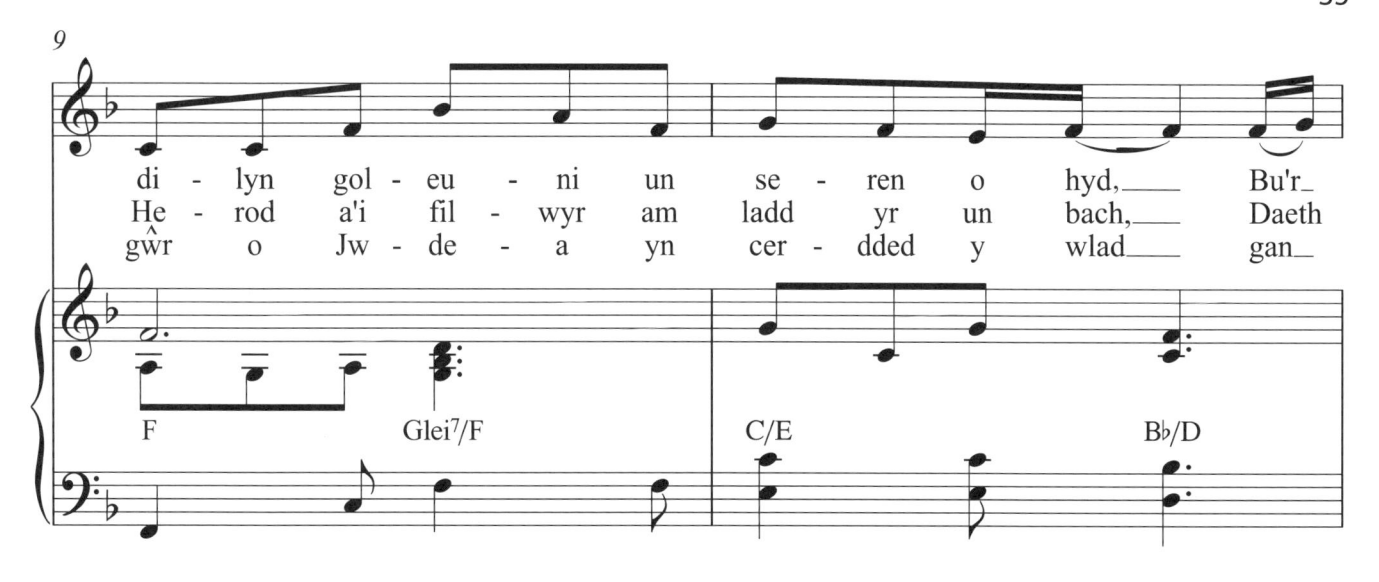

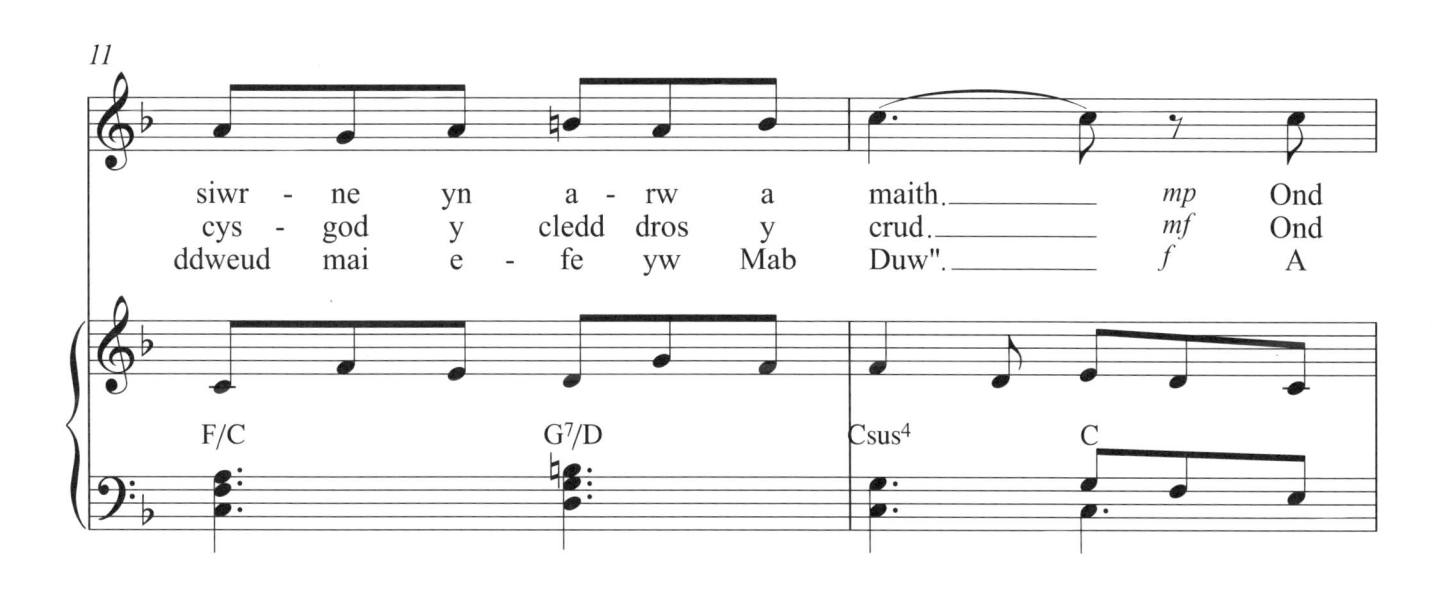

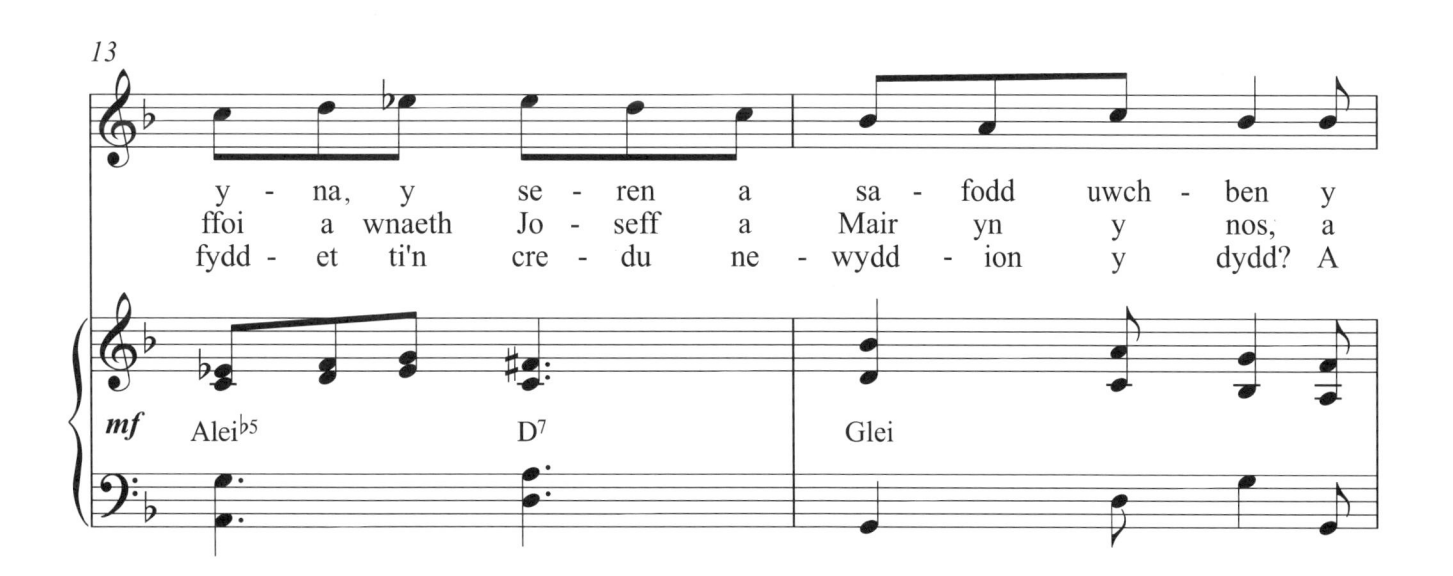

dilyn goleuni un seren o hyd, Bu'r
Herod a'i filwyr am ladd yr un bach, Daeth
gŵr o Jwdea yn cerdded y wlad gan

siwrne yn arw a maith. *mp* Ond
cysgod y cledd dros y crud. *mf* Ond
ddweud mai efe yw Mab Duw". *f* A

yna, y seren a safodd uwchben y
ffoi a wnaeth Joseff a Mair yn y nos, a
fydd et ti'n credu newyddion y dydd? A

stabal ar gyrion y dre', A phlygodd y doethion yn wylaidd i'r llawr gan ddweud, "Hwn yw Brenin y Ne'." Canodd a-
chadw'r un bychan rhag cam. Ni lwyddodd 'run Herod, na'i filwyr erioed â diffodd Goleuni y Fflam.
fydd- et ti'n cymryd y cam? A fydd- et ti'n gadael y cyfan a mynd i ddilyn Goleuni y Fflam?

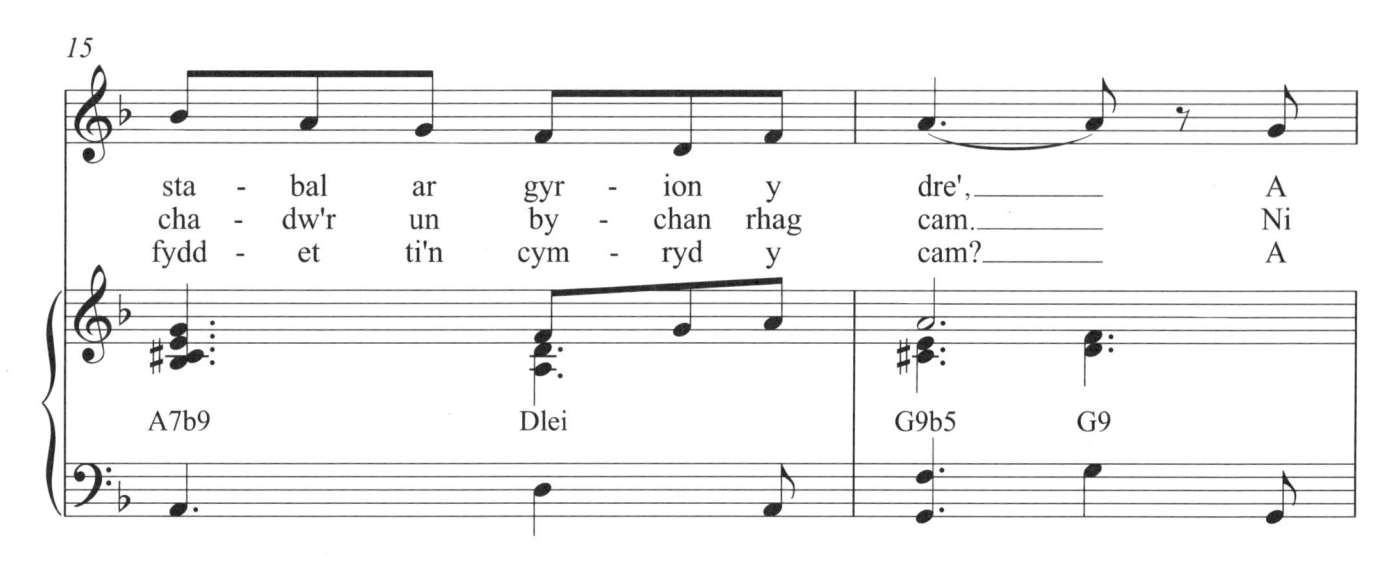

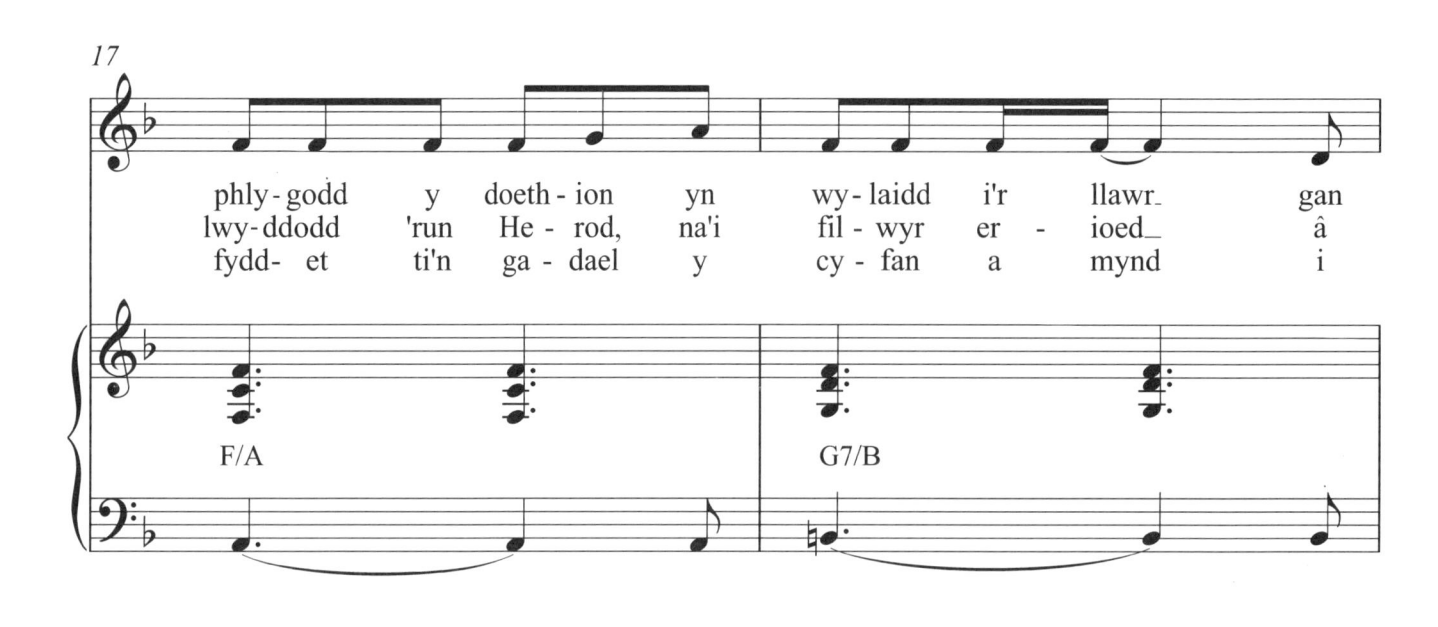

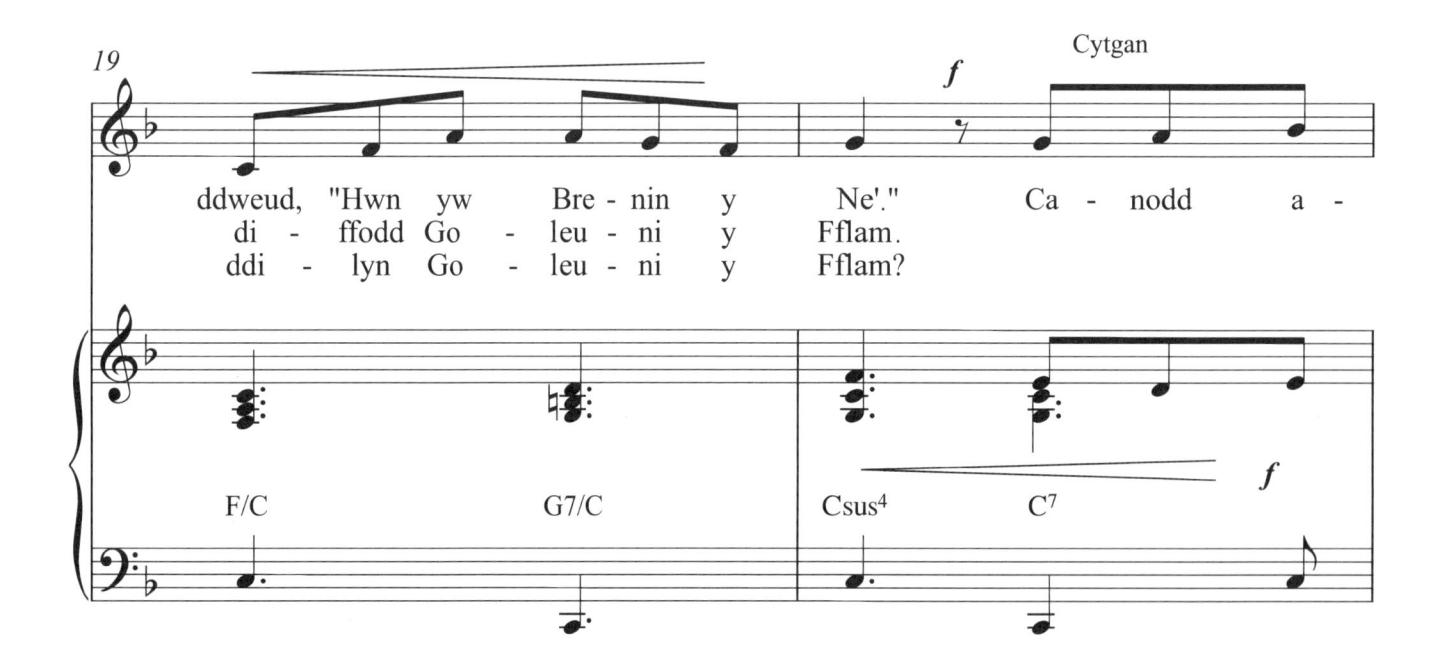

Cytgan

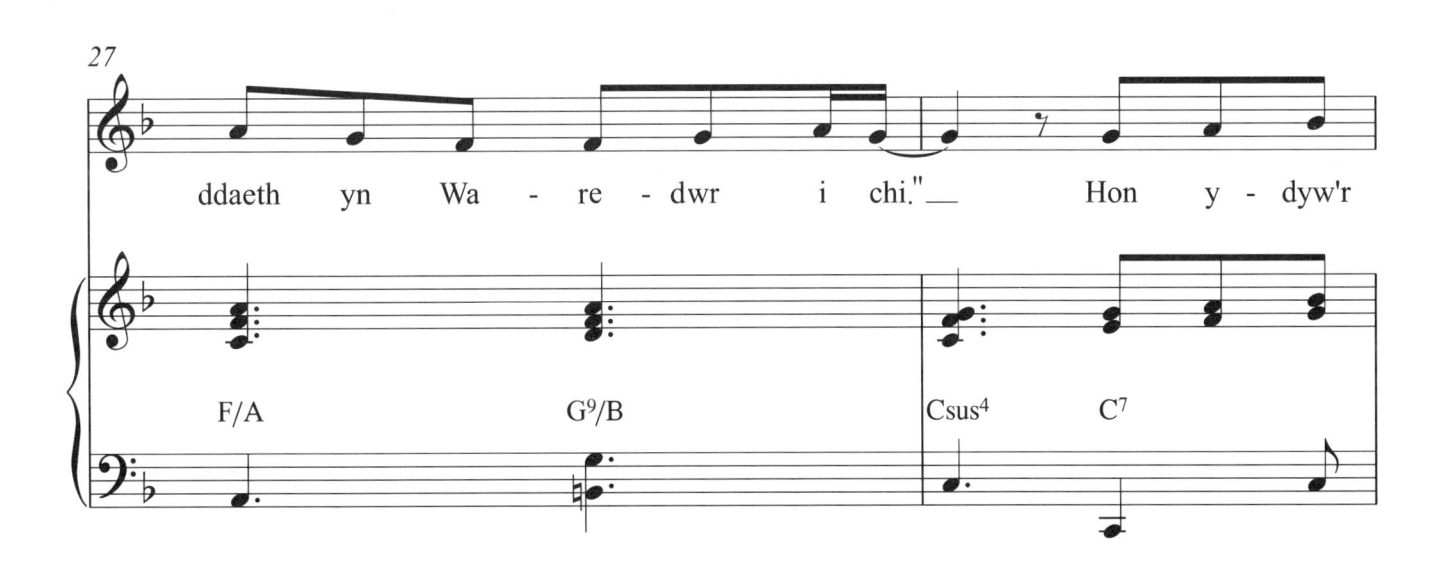

ngyl - ion he - no eu cân, Hon oedd ei ne - ges i ni

F F△7 Glei7/F Glei7 C7

Clod Ha - le - liw - ia! Hwn yw'r Me - sei - a a

F C Alei7 Dlei7 Glei7

ddaeth yn Wa - re - dwr i chi." Hon y - dyw'r

F/A G9/B Csus4 C7

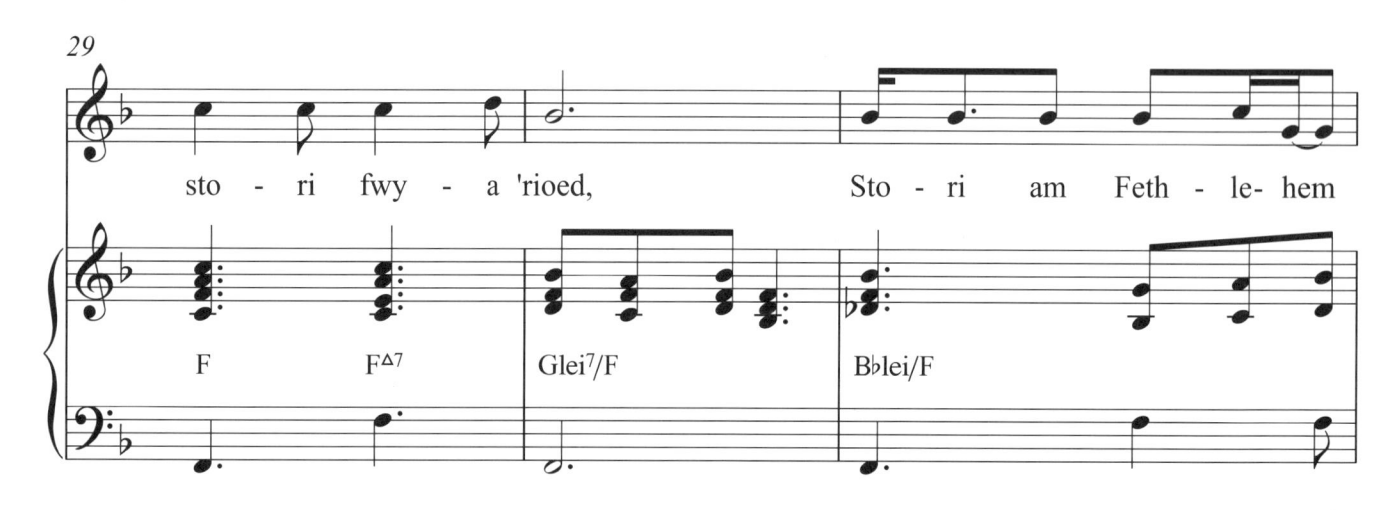

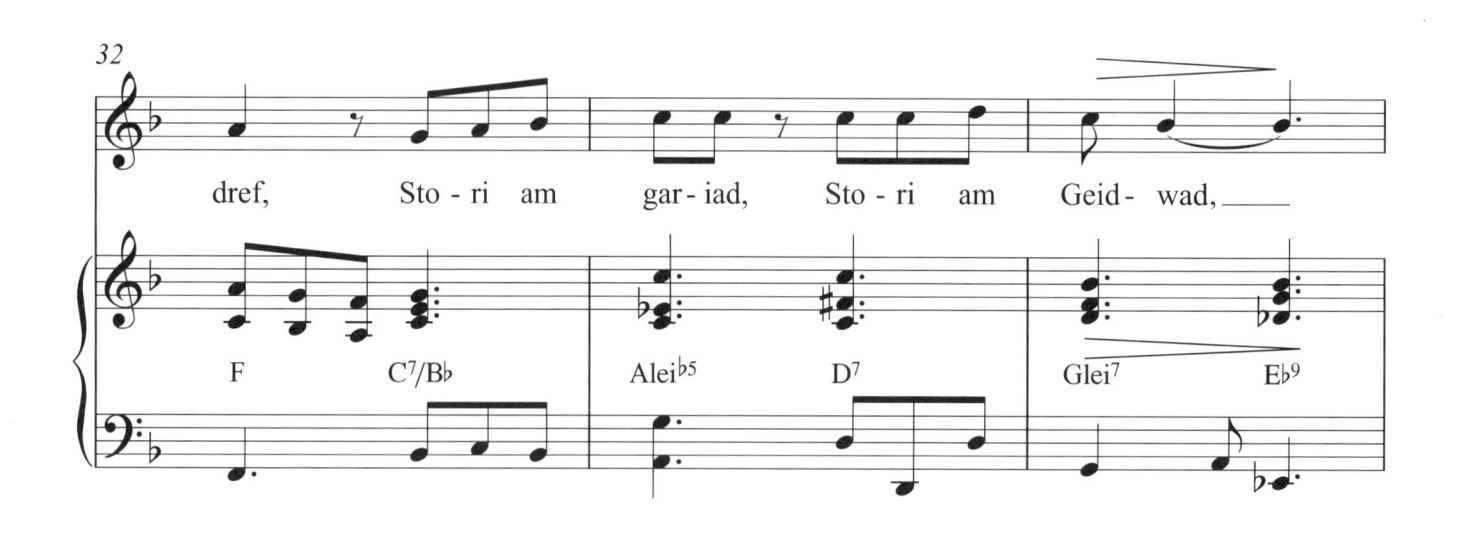

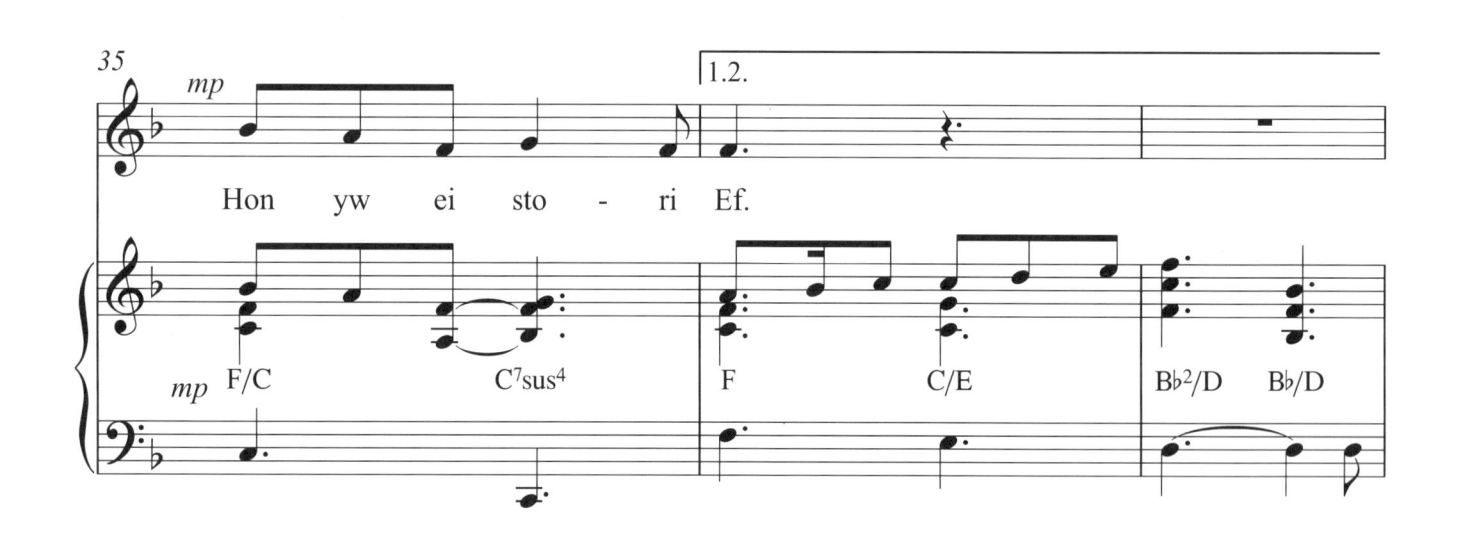

stori fwy-a 'rioed, Stori am Feth-le-hem dref, Stori am gar-iad, Stori am Geid-wad,___ Hon yw ei sto-ri Ef.

38
3.
2.3. Ar
mf
Ef.
F/C
G9/B
B♭/C
C7
Dlei
mf
6
Coda
41
mp
Hon yw ei sto - ri Ef.
G9
B♭lei6/C
mp
p
F
C/E
Ped.
44
rit.
p
molto rall.
Hon yw ei sto - ri Ef.
B♭/D
B♭lei/D♭
B♭lei6/C
F

Noson Oer Nadolig

Clychau arian cyn y wawr, cyn y wawr, cyn y wawr,
Daw i'r byd lawenydd mawr
Ar noson oer Nadolig.

Cytgan:
Celynnen werdd a'r uchelwydd,
Eu grawn yn goch, eu grawn yn wyn,
A'r eira'n lluwchio dros y llyn
Ar noson oer Nadolig.

Yn ei gar llusg daw Siôn Corn, daw Siôn Corn, daw Siôn Corn,
I blant o Tseina a Sir Fôn
Ar noson oer Nadolig.
Cytgan:

Syndod rhyfedd yn y nos, yn y nos, yn y nos,
Ffrwythau ac anrhegion tlws
Ar noson oer Nadolig.
Cytgan:

Cofiwch blant am faban clyd, baban clyd, baban clyd,
Gwellt y preseb oedd ei grud
Ar fore oer Nadolig.
Cytgan:

Noson Oer Nadolig

Cerddoriaeth a geiriau: Meic Stevens
Trefniant: Meinir Wyn Edwards

♩=76 Yn llyfn

Ped.

1. Cly-chau ar-ian cyn y wawr, cyn y wawr, cyn y wawr,

simile

daw i'r byd la-we-nydd mawr ar no-son oer Na-do-lig.

Ce-lyn-nen werdd a'r u-chel-wydd, eu grawn yn goch, eu

grawn yn wyn, a'r ei - ra'n lluwch - io dros

_____ y llyn _____ ar no-son oer Na - do - lig.

Hwiangerdd Mair

Suai'r gwynt, suai'r gwynt
Wrth fyned heibio i'r drws;
A Mair ar ei gwely gwair
Wyliai ei Baban tlws.
Syllai yn ddwys ar ei wyneb llon,
Gwasgai Waredwr y byd at ei bron,
Canai ddiddanol gân:
"Cwsg, cwsg f'anwylyd bach,
Cwsg nes daw'r bore iach.
Cwsg, cwsg, cwsg."

"Cwsg am dro, cwsg am dro,
Cyn daw'r bugeiliaid hyn;
A dod, dod i seinio clod,
Wele mae'r doethion syn;
Cwsg cyn daw Herod a'i gledd ar ei glun,
Cwsg, fe gei ddigon o fod ar ddi-hun;
Cwsg cyn daw'r groes i'th ran.
Cwsg, cwsg f'anwylyd bach,
Cwsg nes daw'r bore iach.
Cwsg, cwsg, cwsg."

Hwiangerdd Mair

Cerddoriaeth: Haydn Morris
Geiriau: Nantlais
Trefniant: Meinir Wyn Edwards

Yn araf a thyner

Su-ai'r gwynt, Su-ai'r gwynt wrth fy-ned hei-bio i'r drws, A Mair ar ei gwe-ly gwair Wyl-iai ei Ba-ban tlws. Sy-llai yn ddwys ar ei wy-neb llon, Gwas-gai Wa-re-dwr y byd at ei bron, Ca-nai ddi-dda-nol gân: "Cwsg, cwsg fanwy - lyd bach, Cwsg nes daw'r bo - re iach,

Cwsg, cwsg, cwsg."

Un enaid bach

Plentyn yw plentyn a mam ydy mam,
Bomiau yw bomiau a fflam ydy fflam.
Sgrechian a chrio uwchben y crud,
A baban bach sy'n llond y byd.

Cytgan:
Plentyn yw plentyn ble bynnag y bo,
Israel, Lebanon, yn un ers cyn co',
A dim ond un anrheg ddymunwn, Dduw:
Dyro i ni heddiw yr hawl i fyw.
Un enaid bach sy'n llond y byd,
Un enaid bach sy'n drysor mor ddrud.
Un enaid bach a'i gân mewn crud,
Un enaid bach sy'n llond y byd.

Blentyn y storm, fe ddaw heddwch i'th grud,
Blentyn y storm, boed dy gân lond y byd,
A boed i ti'r hyder i gamu mewn ffydd,
A boed i tithau fyw yn rhydd.
Cytgan:

ar gyfer Rhys Meirion a Chôr Rhuthun a'r Cylch

Un enaid bach

(i gôr SATB gyda neu heb unawdydd)

Cerddoriaeth: Robat Arwyn
Geiriau: Robin Llwyd ab Owain

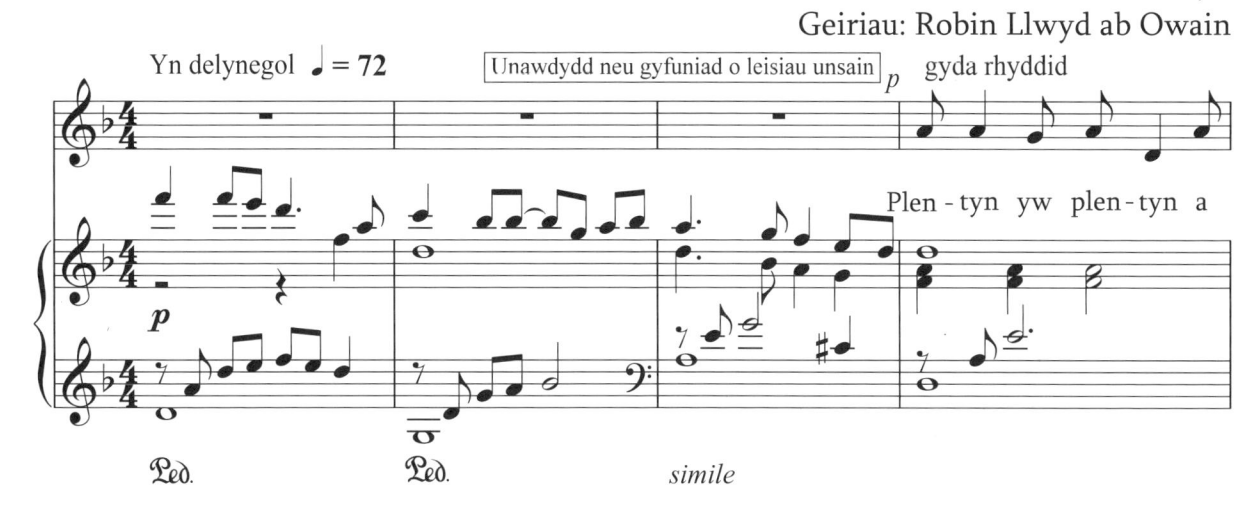

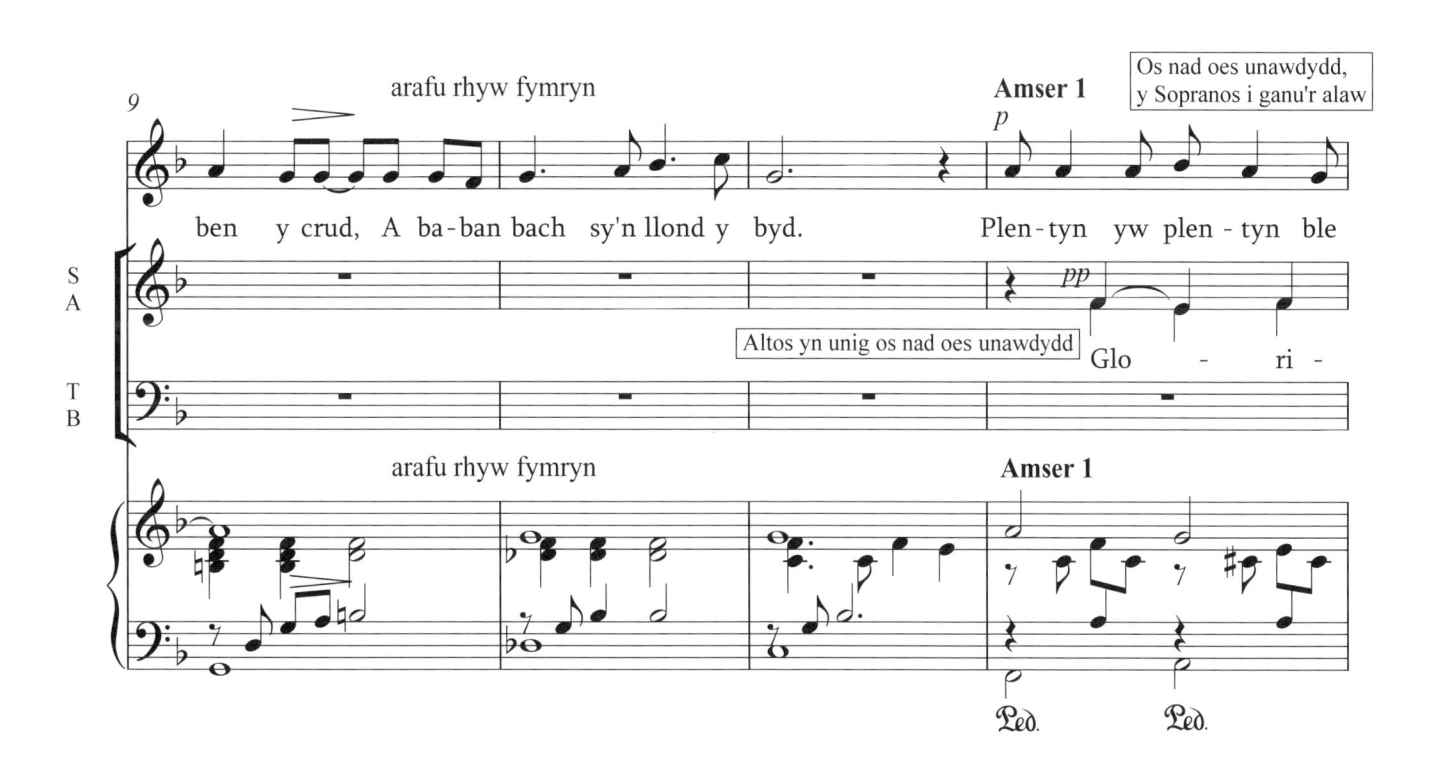

byn - nag y bo,__ Is - rael,__ Le - ba - non,__ yn un ers cyn co',__ A

a, Glo - ri - a in ex - cel - sis De - o.

Glo - ri - a in ex - cel - sis De - o.

simile

Sopranos i ddilyn erwydd y merched hyd at bar 27, os oes unawdydd neu beidio.

gan gyflymu

dim ond un an - rheg ddy - mu - nwn, Dduw: Dy - ro i ni hedd - iw yr hawl i

Un dy - mun - iad Dduw: Dy - ro i ni hedd - iw yr hawl i

gan gyflymu

19
yn llawn angerdd
fyw. mf Un e-naid bach sy'n llond y byd,
S
fyw, i fyw. mf Un e-naid bach sy'n llond y byd,
A
fyw, i fyw. mf Un e-naid bach sy'n llond y byd, Un e-naid
T
fyw, i fyw. mf Un e-naid bach sy'n llond y byd, Un e-naid
B
fyw, i fyw. Un e-naid bach,
mf
22
Un e-naid bach sy'n dry-sor mor ddrud. p Un e-naid bach a'i
Un e-naid bach sy'n dry-sor mor ddrud. p Un e-naid bach a'i
bach sy'n dry-sor, dry-sor mor ddrud. p Un e-naid bach a'i
bach sy'n dry-sor, dry-sor mor ddrud. p Un bach a'i
Un sy'n dry-sor drud. mp Un e-naid p bach a'i
p

gân mewn crud, Un e-naid bach sy'n llond y byd.

gân mewn crud, Un e-naid bach sy'n llond y byd.

gân mewn crud, Un e-naid bach sy'n llond y byd.

gân mewn crud, Un e-naid bach sy'n llond y byd.

gân mewn crud, Un e-naid bach sy'n llond y byd.

gân mewn crud, Un e-naid bach sy'n llond y byd.

Unawdydd neu gyfuniad o leisiau unsain

Amser 1

Blen-tyn y storm, fe ddaw hedd-wch i'th grud,

Blen-tyn y storm, boed dy gân lond y byd, A boed i ti'r hy-der i

35
ga - mu mewn ffydd, A boed i ti - thau fyw yn rhydd.
38 mp
Os nad oes unawdydd, y Sopranos i ganu'r alaw
Plen - tyn yw plen - tyn ble byn - nag y bo, Is - rael, Le - ba - non, yn
3
Altos yn unig os nad oes unawdydd
p
S
A
Glo - ri - a, Glo - ri - a in ex - cel - sis
T
B
p
Glo - ri - a in ex - cel - sis
simile
Sops i ddilyn erwydd y merched hyd at bar 60, unawdydd neu beidio
41
gan gyflymu
un ers cyn co', A dim ond un an - rheg ddy - mu - nwn, Dduw: Dy - ro i ni
De - o. Un dy - mun - iad Dduw: Dy - ro i ni
De - o.
gan gyflymu

yn llawn angerdd
44
mf
hedd - iw yr hawl i fyw. Un e-naid bach sy'n
S
hedd - iw yr hawl i fyw, i fyw. Un e-naid bach sy'n
A
hedd - iw yr hawl i fyw, i fyw. Un e-naid bach sy'n
T
hedd - iw yr hawl i fyw, i fyw. Un e-naid bach sy'n
B
hedd-iw yr hawl i fyw, i fyw. Un e - naid
yn llawn angerdd
47
llond y byd, Un e-naid bach sy'n dry-sor mor ddrud.
llond y byd, Un e-naid bach sy'n dry-sor mor ddrud.
llond y byd, Un e-naid bach sy'n dry - sor, dry-sor mor ddrud.
llond y byd, Un e-naid bach sy'n dry - sor, dry-sor mor ddrud.
mp
bach, Un sy'n dry - sor drud. Un e-naid

Un e-naid bach a'i gân mewn crud, Un e-naid bach sy'n llond y byd.

Un e-naid bach a'i gân mewn crud, Un e-naid bach,

Un e-naid bach a'i gân mewn crud, Un e-naid bach,

Un bach a'i gân mewn crud, Un e-naid bach sy'n llond y byd.

bach a'i gân mewn crud, Un e-naid bach,

Un e-naid bach sy'n llond y byd, Un e-naid bach sy'n

Un e-naid bach sy'n llond y byd, Un e-naid bach sy'n dry-sor,

Un e-naid bach sy'n dry-sor,

Un e-naid bach, Un sy'n dry-sor

56
mp
Un e-naid bach a'i gân mewn crud, Un e-naid
p
dry-sor mor ddrud.
Un e-naid bach a'i gân mewn crud, Un e-naid
dry-sor mor ddrud.
Un e-naid bach a'i gân mewn crud, Un e-naid
dry-sor mor ddrud.
Un bach a'i gân mewn crud, Un e-naid
drud.
Un e-naid bach a'i gân mewn crud, Un e-naid

59
mf
arafu
p
bach sy'n llond y byd.
Un e-naid
bach sy'n llond y byd.
Un e-naid
bach sy'n llond y byd.
bach sy'n llond y byd.
bach sy'n llond y byd.

bach sy'n llond y byd.

bach sy'n llond y byd.

Fe Fydd y Ffordd yn Faith

Cytgan:
O Seren Wen uwchben y byd,
O dwed, o ble ddaethost ti?
Gwyrth yw, mae'n wir, fod d'olau clir
Nawr yn ein harwain ni
Dros bant a bryn, drwy'r tywod poeth,
Fe fydd y ffordd yn faith.
O, seren fry,
O, arwain ni'n ddiogel i ben y daith.

Ni wyddom, er syllu bob dydd, gyfrinachau y gofod,
Mae'r sêr a'r planedau, y lleuad a'r haul yn rhyfeddod.
Ond gwelsom un seren yn symud, a honno'n un newydd.
Ei golau mor llachar, mae'n rhaid i ni ddilyn ei thrywydd.
Cytgan:

Ar gefn ein camelod o'r dwyrain fe deithiwn yn ara,
Wynebwn y gaeaf a'i wyntoedd, yr oerni a'r eira.
O'n blaen yn y pellter fe welwn anialwch diorwel,
Fe roddwn ein ffydd yn y seren, a'i groesi'n ddiogel.
Cytgan:

Edrychwch! Mae'r seren yn aros uwchben yn ei hunfan,
A'i golau yn llenwi y stabal lle ganwyd y baban.
Rhown iddo'r anrhegion a phlygwn i lawr a'i addoli.
Cyd-ddathlwn ddyfodiad y seren a Gŵyl y Goleuni.
Cytgan:

Fe Fydd y Ffordd yn Faith

Cerddoriaeth : Geraint Cynan
Geiriau : Hywel Gwynfryn

Yn llyfn a theimladwy ♩. = 58

Cytgan

Seren Wen uwchben y byd, O dwed, o ble ddaethost ti? Gwyrth yw, mae'n wir, fod d'olau clir Nawr yn ein harwain ni Dros bant a bryn, drwy'r tywod poeth, Fe fydd y ffordd yn faith O seren fry, o ar-wain ni'n ddi-o-gel i ben y daith.

I'r Coda ar ôl Pennill 3

1. Ni wyddom, er syllu bob dydd, gyfrinachau y gofod, Mae'r sêr a'r plan-e-dau, y
2. Ar gefn ein ca-me-lod o'r dwy-rain, fe dei-thiwn yn a-ra, Wyn-e-bwn y gae-af a'i
3. Ed-rych-wch! Mae'r se-ren yn a-ros uwch-ben yn ei hun-fan, A'i go-lau yn llen-wi y

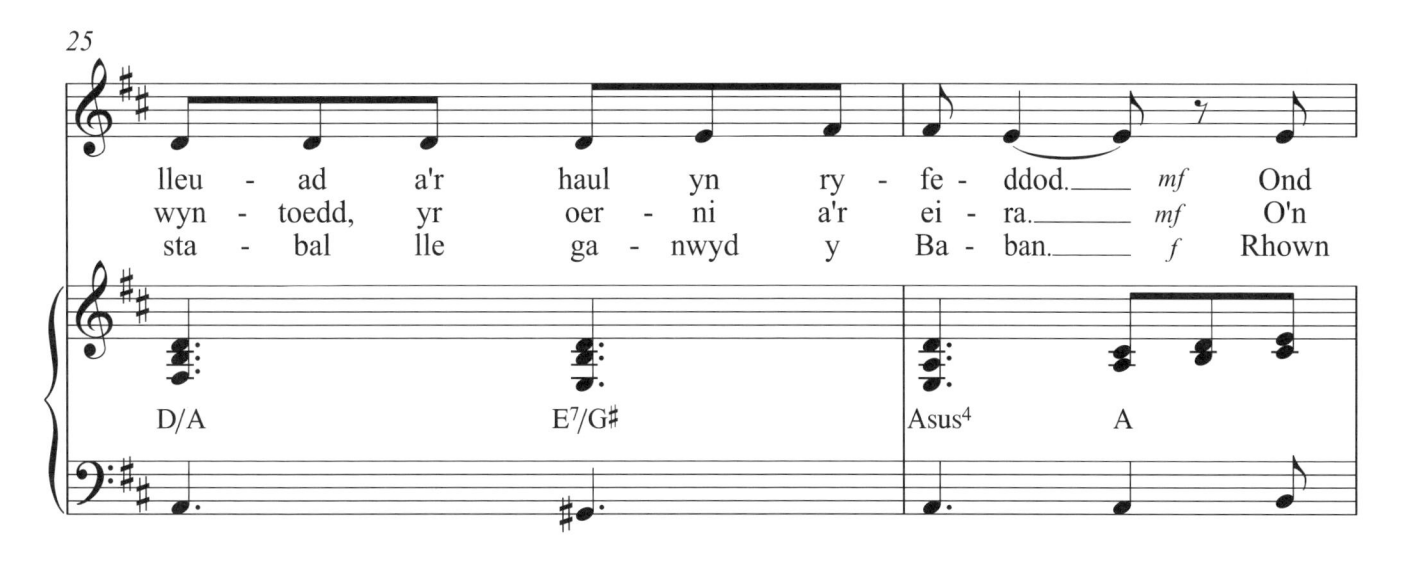

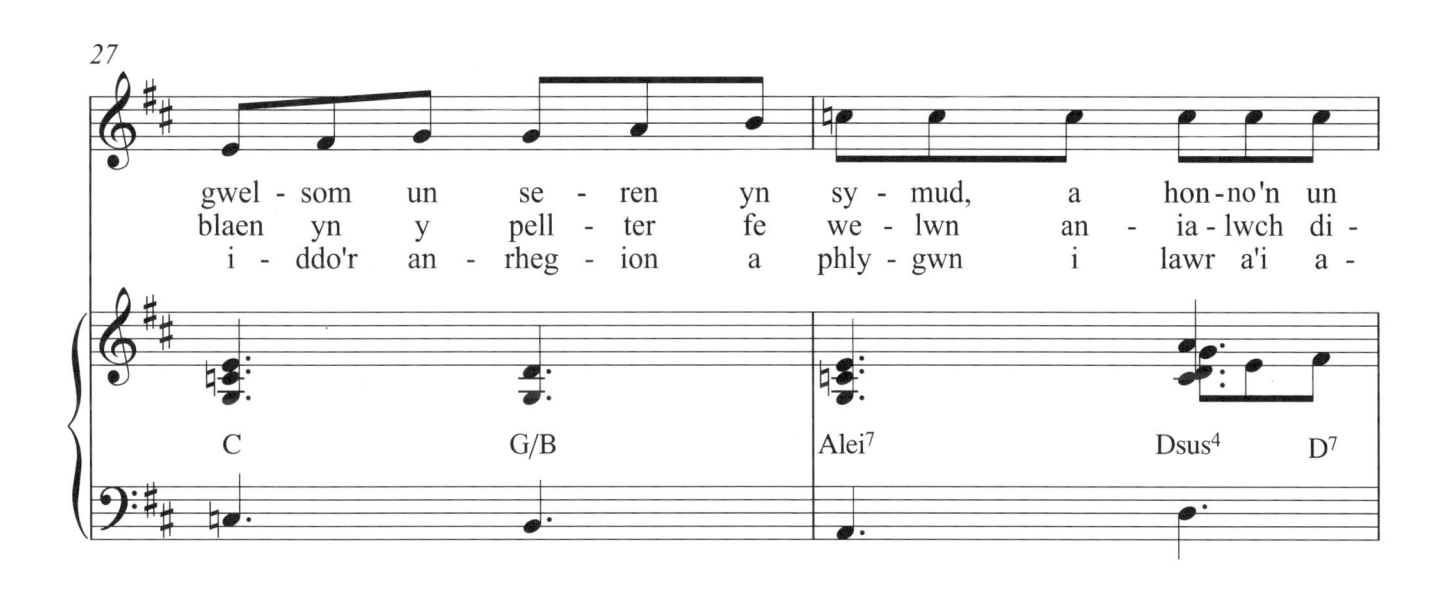

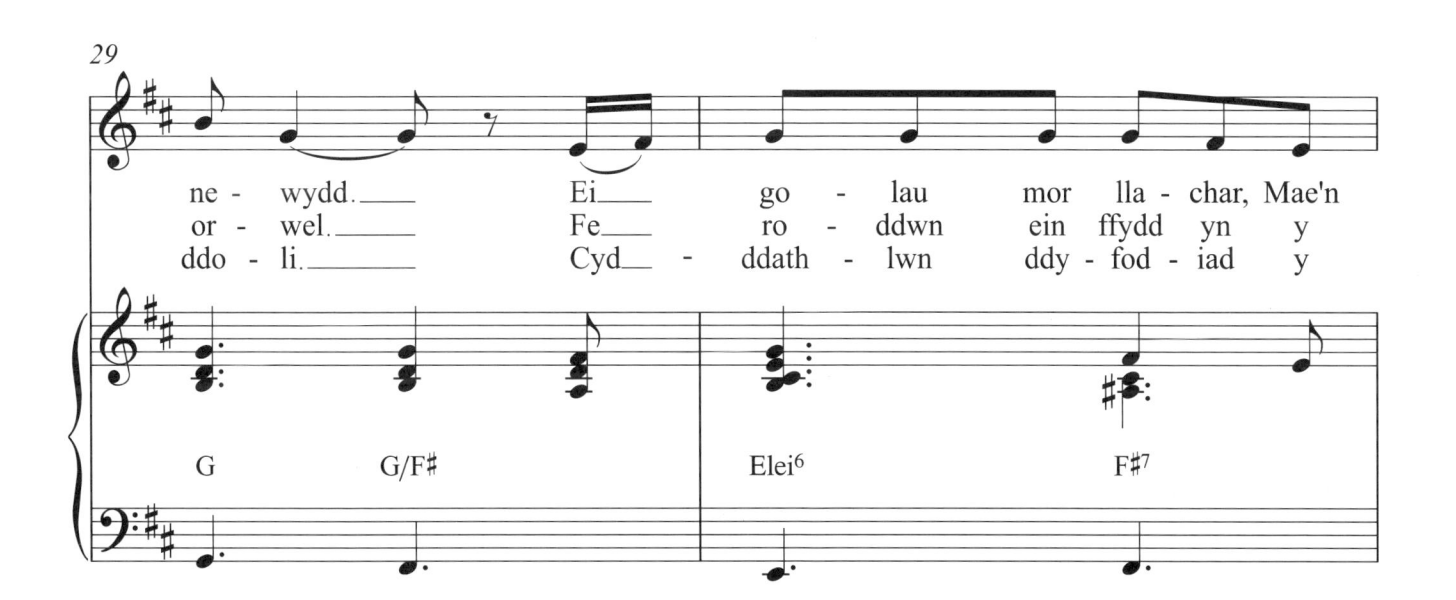

lleu - ad a'r haul yn ry - fe - ddod. *mf* Ond
wyn - toedd, yr oer - ni a'r ei - ra. *mf* O'n
sta - bal lle ga - nwyd y Ba - ban. *f* Rhown

D/A   E⁷/G#   Asus⁴   A

gwel - som un se - ren yn sy - mud, a hon - no'n un
blaen yn y pell - ter fe we - lwn an - ia - lwch di -
i - ddo'r an - rheg - ion a phly - gwn i lawr a'i a -

C   G/B   Alei⁷   Dsus⁴   D⁷

ne - wydd. Ei go - lau mor lla - char, Mae'n
or - wel. Fe ro - ddwn ein ffydd yn y
ddo - li. Cyd - ddath - lwn ddy - fod - iad y

G   G/F#   Elei⁶   F#⁷

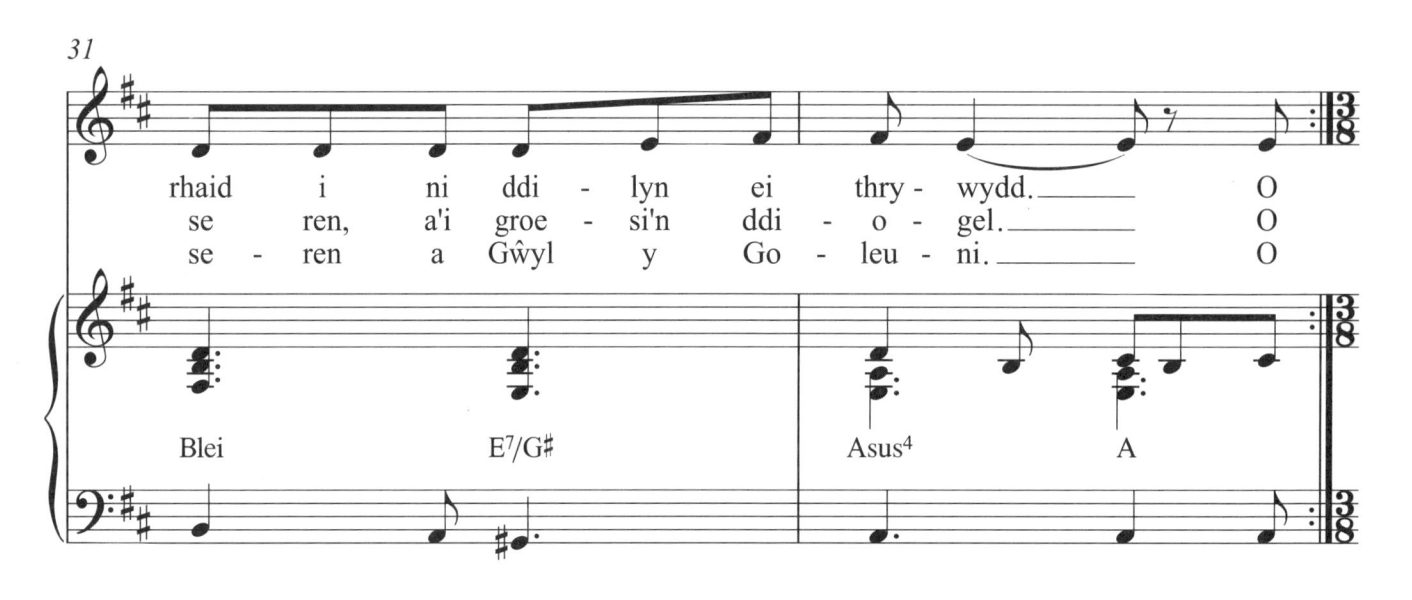

rhaid i ni ddi - lyn ei thry - wydd. O
se - ren, a'i groe - si'n ddi - o - gel. O
se - ren a Gŵyl y Go - leu - ni. O

Coda

ar - wain ni'n ddi - o - gel i ben y daith.

poco rit

Y Baban Hwn

Daw cwrlid y noson hir, daw golau gwan,
Mi glywaf ryw egwan gri yn dod i'r lan,
Gyda chân Nadolig daw y gri yn nes ata i,
Ac yna mae'r plentyn bach yn rhoi ei fyd i mi.

Cytgan:
Pan welaf y Baban hwn
Mae'r byd fel 'tae o'n peidio troi.
Pan welaf y Baban hwn
Mae pob yfory'n mynnu ffoi.
Mae 'na gariad pur a glân a gwir
Sy werth y byd yn grwn,
A goleuni'r nef yng ngwedd y Baban hwn.

Mae'i gariad yn llenwi'r galon hon o hyd.
Mae cryfder y teimlad hwn yma yn y crud.
Yng ngorfoledd mud y nos mae'i wên yn un seren glir
Sy nawr heno ynghynn ers iddo roi ei fyd i mi.
Cytgan:

Newyddion da yw'r gân dros y tir,
Fe ddaeth y Baban bychan â'r gwir,
A heddiw 'dan ni'n dathlu yr awr
Pan ddaeth y Babi bach i'r byd mawr.
Cytgan:

Y Baban Hwn

Geiriau : Caryl Parry Jones
Cerddoriaeth : Christian Phillips/Caryl Parry Jones

♩ = 107 Yn freuddwydiol

1. Daw cwr-lid y no-son hir,⎯ daw go-lau gwan,⎯ Mi gly-waf ryw e-gwan gri⎯ yn⎯ dod

11
mf
i'r lan,
Gy - da chân Na - do - lig daw y
Blei7 A/B Blei7 Elei7ADD2 D/A A
mf
Ped.
15
3
gri yn nes a - ta i,
Ac y - na mae'r plen - tyn bach yn
Elei7ADD2 D/A A G D/F♯
Ped.
19
Cytgan
rhoi ei fyd i mi.
Pan we - laf y Ba - ban hwn Mae'r byd
Pan we - laf y Ba - ban hwn Mae'r byd
C G/B A7sus4 A/G D/G
Ped.

fel 'tae o'n peidio troi. Pan welaf y Ba-

fel 'tae o'n peidio troi. Pan welaf y Ba-

A Dsus⁴/A D D D/F#

-ban hwn Mae pob y-fory'n mynnu ffoi.

-ban hwn Mae pob y-fory'n mynnu ffoi.

D/E Elei⁷ G/A C/D D⁹

Mae 'na gariad pur a glân a gwir Sy'

Mae 'na gariad pur a glân a gwir Sy'

D⁹ G F#/A# Blei A/C#

werth y byd yn grwn, _____ A go-

werth y byd yn grwn, _____ A go-

leu-ni'r nef yng ngwedd y Ba-ban hwn. _____

leu-ni'r nef yng ngwedd y Ba-ban hwn. _____

2. Mae'i gar-iad yn

llen - wi'r ga - lon hon o hyd. Mae cryf-der y teim - lad hwn y - ma yn y crud. Yng ngor-fo-ledd mud y nos mae'i wên yn un se - ren glir

Yng ngor-fo-ledd mud y nos mae'i wên yn un se - ren glir

Chords: G^ADD2, D, D/F#, A^ADD2, G^ADD2, Blei⁷, A/B, Blei⁷, Elei^7ADD2, D/A, A⁷, Elei^7ADD2, A

52
Sy' nawr he - no y - nghynn ers i - ddo roi ei fyd i mi.
Sy' nawr he - no y - nghynn ers i - ddo roi ei fyd i mi.
G D/F♯ C G/B
55
mf Cytgan
Pan we - laf y Ba - ban hwn Mae'r byd fel 'tae o'n
mf
Ba - ban hwn Mae'r byd fel 'tae o'n
A7sus4 A/G D/G A Dsus4/A
mf
Ped. Ped.
58
pei - dio troi. Pan we - laf y Ba - ban hwn Mae pob
pei - dio troi. Pan we - laf y Ba - ban hwn Mae pob
D D D/F♯ D/E Elei7
Ped.

y - fo - ry'n myn - nu ffoi. Mae 'na
y - fo - ry'n myn - nu ffoi. Mae 'na

gar - iad pur a glân a gwir Sy' werth y byd yn grwn,
gar - iad pur a glân a gwir Sy' werth y byd yn grwn,

A go - leu - ni'r nef yng ngwedd y Ba - ban hwn.
A go - leu - ni'r nef yng ngwedd y Ba - ban hwn.

69

Newyddion da yw'r gân dros y tir, Fe ddaeth y Baban bychan â'r gwir, A heddiw 'dan ni'n dathlu yr awr Pan ddaeth y Babi bach i'r byd

mawr. Pan welaf y Ba- ban hwn Mae'r byd

mawr.

Elei/D D G^{ADD2}

fel 'tae o'n pei- dio troi. Pan we- laf y Ba-

A^7sus^4 D D D/F#

-ban hwn Mae pob y- fo- ry'n myn- nu ffoi.

O

$Elei^{7ADD2}$ G/A C/D D^9

Mae 'na gariad pur a glân a gwir Sy'
werth y byd yn grwn, A go-
leu-ni'r nef yng ngwedd y Baban hwn.

98
f
Coda
Mae 'na gar - iad pur a glân a gwir Sy'
f
Mae 'na gar - iad pur a glân a gwir Sy'
f
D D/F♯ G F♯/A♯ Blei A/C♯
101
mp
werth y byd yn grwn, A go-
mp
werth y byd yn grwn, A go-
D D/F♯ E9/G♯ E9/G♯
104
leu - ni'r nef yng ngwedd y Ba - ban hwn.
leu - ni'r nef yng ngwedd y Ba - ban hwn.
Elei B♭6 Asus4 A7 p D GΔ7/B Asus4

73

Hefyd o'r Lolfa:

Geraint Vaughan-Jones
GOLYGYDD

Hen Garolau
PLYGAIN

y Lolfa

£7.95

E Olwen Jones

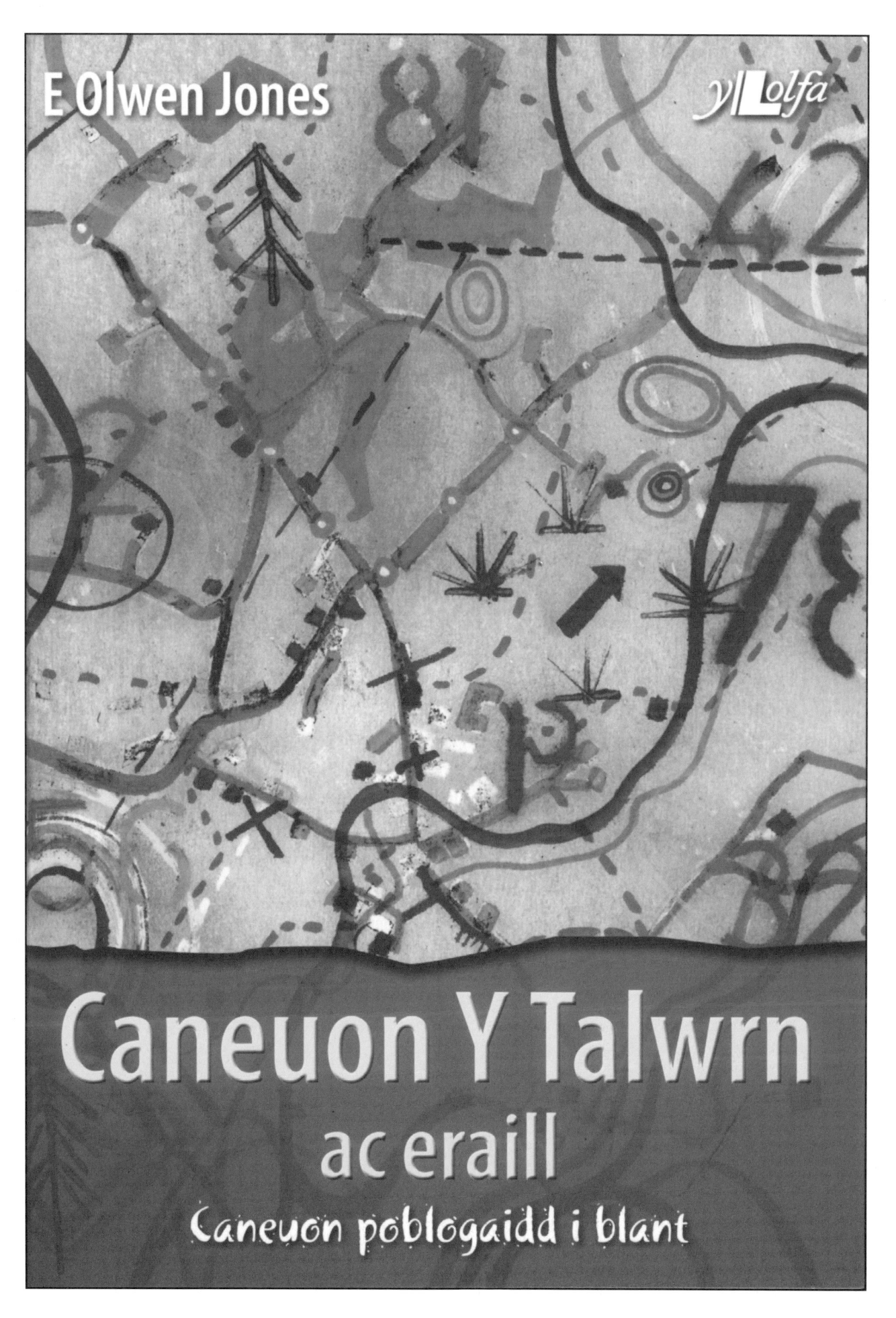

y Lolfa

Caneuon Y Talwrn
ac eraill
Caneuon poblogaidd i blant

£6.95

Am restr gyflawn o lyfrau'r Lolfa, mynnwch
gopi o'n catalog newydd, rhad
neu hwyliwch i mewn i'n gwefan

www.ylolfa.com

lle gallwch archebu llyfrau ar lein.

ylolfa

TALYBONT CEREDIGION CYMRU SY24 5HE
ebost ylolfa@ylolfa.com
gwefan www.ylolfa.com
ffôn 01970 832 304
ffacs 832 782